coleção primeiros 222 passos

Maria Luiza Silveira Teles

O QUE É
PSICOLOGIA

editora brasiliense

Copyright © by Maria Luiza Silveira Teles, 1989
Nenhuma parte desta publicação pode ser gravada,
armazenada em sistemas eletrônicos, fotocopiada,
reproduzida por meios mecânicos ou outros quaisquer
sem autorização prévia da editora.

Primeira edição, 1989
20ª reimpressão, 2014

Copydesk: *Rosemary C. Machado*
Revisão: *Ana Célia M. Goda e Ibrain S. Bachin*
Capa: *Ivoty Macambira sobre ilustrações de Leon Ferrari*

Dados Internacionais de catalogação na Publicação (CIP)
(Câmara Brasileira do Livro, SP, Brasil)

Teles, Maria Luiza Silveira
    O que é psicologia / Maria Luiza Siqueira Teles.
São Paulo : Brasiliense, 2006. - - (Coleção
primeiros passos ; 222)

18ª reimpr. da 1. ed. de 1989.

1. Psicologia I. Título. II. Série

06-0110   CDD- 150

Índices para catálogo sistemático:
1. Psicologia   150

editora brasiliense ltda.
Rua Antônio de Barros, 1839 - Tatuapé
CEP 03401-001 - São Paulo - SP
www.editorabrasiliense.com.br

SUMÁRIO

O que é psicologia 7
O homem: um ser especial 19
O mecanismo do comportamento 26
Panorama atual da psicologia: as quatro
forças 44
O papel do psicólogo 59
Questionamento a psicologia 65
Indicações para leitura 69

Ao Fábio, com a minha gratidão

O QUE É PSICOLOGIA?

Quem sou eu? Quais as minhas necessidades? Porque tenho conflitos? Em que sou diferente dos outros animais? Como aprendo? Por que, tantas vezes, sinto-me inadequado em meu trabalho, entre amigos, na sociedade? Em que me assemelho às outras pessoas? O que posso fazer para ter uma vida mais rica, feliz e produtiva? Como me relaciono com o ambiente físico e social? Estas são, decerto, algumas perguntas que todo ser humano se faz, desde que tem consciência de si.

Em escritos muito remotos, já encontramos esta sorte de preocupações e tentativas de resolvê-las. A investigação sobre a natureza humana antecede, talvez, a História escrita e a própria Filosofia. Esta, como ato reflexivo, é tão antiga quanto o Homem. Como ciência do conhecimento sobre o conhecimento, porém, remonta aos gregos.

É claro que tanto a formulação das perguntas como as suas respostas têm sido diferentes de acordo com a época e a sociedade. Entretanto, uma coisa é certa: a preocupação com o interior do Homem e com a maneira pela qual ele se relaciona consigo próprio e com o ambiente está sempre presente.

Atualmente, época de rápidas transformações, essas questões se tornam mais imperiosas. A crise de identidade, que era própria da adolescência, se generalizou pelas outras fases da vida e toma conta de todos nós que vivemos numa cultura confusa, sem valores definidos e em busca da própria identidade.

Preso, hoje, da angústia que caracteriza a sua vida – num mundo louco, caótico e competitivo, que valoriza sobremodo o sucesso, a juventude, a beleza, o dinheiro – o Homem, mais do que nunca, se encontra dividido, cheio de dúvidas e questionamentos, necessitando, pois, de ajuda.

Sem tempo para parar e pensar, sem poder aproximar-se da Natureza, tantas vezes sem amigos com quem desabafar, sentindo-se só, vazio e alienado, cada vez mais o ser humano se torna vítima de doenças psicossomáticas, isto é, distúrbios emocionais que se refletem fisicamente no organismo, como é o caso da maioria das úlceras.

Peça de uma engrenagem social, quase sempre desumana e cruel, ele se vê pequeno, esmagado, sem compreender o sentido da própria existência.

Como auxiliar o indivíduo em todos estes impasses? Como fazer emergir a reflexão sobre seu cor-

O que é Psicologia **9**

po, vivências, relações, desenvolvimento intelectual, emocional, espiritual? Onde encontrar a proposta para uma vida mais rica, mais plena, mais livre?

A psicologia é uma ciência que tenta buscar recursos neste sentido. Procura compreender o Homem, seu comportamento, para facilitar a convivência consigo próprio e com o outro. Pretende fornecer-lhe subsídios para que ele saiba lidar consigo mesmo e com as experiências da vida. É, pois, a Ciência do Comportamento, compreendida esta em seu sentido mais amplo. Vale ressaltar que entendo comportamento não apenas como reações externas, mas também como atividades de consciência e mesmo do inconsciente, num plano indiretamente observável.

Não interessam ao nosso estudo as múltiplas discussões e toda a polêmica existente em torno da palavra comportamento ou mesmo do objeto e definição de Psicologia. O importante é que você entenda do que ela trata.

Seu objeto tem variado ao longo do tempo e sua pré-história confunde-se com a própria história da Filosofia. No sentido etimológico, seria a *ciência da alma* ou o *estudo da alma*.

Foi a partir daí que os gregos começaram suas especulações. Achavam que todo ser humano possuía uma contraparte imaterial do corpo, de onde provinham os processos psíquicos, dos quais o cérebro seria apenas mediador. Durante séculos, foi como estudo da alma que a Psicologia existiu.

Rompimento brusco neste conceito se deu com o filósofo francês René Descartes (1596-1650), cuja teoria do dualismo psicofísico – distinção entre corpo e mente – impregnou as ideias da época e influenciou toda a Psicologia posterior.

Descartes considerava que o comportamento animal era mecanicista, isto é, obedecia a ações puramente reflexas. Daí o conceito de *animais sem mente*.

A realidade consistia, para ele, em duas áreas distintas: o domínio físico do material e o reino imaterial da mente.

O material tem massa, localização no espaço e movimento. Neste reino estão os organismos sub-humanos, que sofrem processos fisiológicos como alimentação, digestão, circulação sanguínea, funcionamento nervoso, movimentos musculares e crescimento.

Já a mente não tem as características daquilo que é físico e suas atividades são raciocinar, conhecer e querer.

Descartes não afastava a possibilidade de que algumas atividades fossem decorrentes da interação da mente com o seu correspondente físico. Incluía entre elas a sensação, a imaginação e o instinto (impulsos para a ação).

Desta forma, durante algum tempo, mais precisamente por duzentos e cinquenta anos, a Psicologia continuou sendo o *estudo da mente* ou da *consciência*.

O que é Psicologia

Nos séculos XVIII e XIX, a mente era objeto de grande atenção por parte dos filósofos. Duas grandes correntes dominavam, então, o pensamento ocidental: o empirismo inglês e o racionalismo alemão.

O empirismo acreditava que todo conhecimento se baseava nas sensações: os órgãos dos sentidos receberiam a estimulação do mundo exterior e os nervos a conduziriam ao cérebro; o resultado seria a percepção dos objetos, base de todo conhecimento humano.

A filosofia empirista enfatizou, pois, os papéis da percepção sensorial e de aprendizagem no desenvolvimento da mente. John Locke, empirista inglês, afirmava que a criança nascia com a mente como uma *tabula rasa*, página em branco onde a experiência e a percepção sensorial iriam inscrever todo o conteúdo.

Os empiristas ressaltavam o papel da memória e das associações mentais, para justificar a base sensorial do conhecimento. Além disso, reduziam o conteúdo mental a elementos que se conjugariam através das associações, como num mosaico.

Juntamente com os iluministas franceses, os empiristas formaram o movimento psicológico chamado Associacionismo, considerado por muitos como a verdadeira ruptura entre Psicologia e Filosofia.

Os racionalistas alemães, por outro lado, afirmavam que a mente teria o poder de gerar ideias, independentemente da estimulação sensorial. Todo o conhecimento se basearia, desta forma, na razão, e a percepção seria um processo seletivo. O problema central para os racionalistas não era o que estava na mente, mas o que esta *fazia*. Suas atividades principais eram perceber, recordar, raciocinar e desejar. E acreditavam que, para realizar estas funções, a mente teria *faculdades* especiais.

Não concordavam, absolutamente, com os empiristas no reducionismo da mente a elementos. Acreditavam ser a atividade mental muito mais complexa e que se os conceitos ou a percepção dos objetos fossem reduzidos a elementos perderiam o seu conteúdo verdadeiro. Assim, por exemplo, uma melodia não pode ser reduzida a suas notas musicais, sem que perca seu aspecto característico.

Esta discussão se prolonga nas ciências psicológicas e, ainda hoje, mostra-se como controvérsia não resolvida.

As primeiras *escolas psicológicas* do século XX vão se apresentar bastante imbuídas dos princípios destas duas correntes.

Ao iniciar-se o século XIX, a situação era a seguinte: enquanto os filósofos pretendiam ser possível uma ciência do psiquismo – ainda que com discursos abstratos e formais, sem consequências práticas, nem possibilidade de descobertas autênticas – os cientistas, valendo-se do método experimental, consolidavam definitivamente a Física e a Biologia, ciências estas que iriam deter descobertas que interessariam intimamente à Psicologia.

O que é Psicologia

Podemos afirmar, aliás, que, ao longo do século XIX, o que existe e é praticado nos laboratórios é uma *psicofísica* ou *psicofisiologia*, tamanha a confusão entre os princípios da Física e da Biologia e os estudos psicológicos.

O nascimento da Psicologia como disciplina autônoma só vai ocorrer, verdadeiramente, a partir de 1879, em Leipzig, com a criação por Wundt do primeiro laboratório exclusivamente dedicado aos estudos psíquicos.

A Psicologia passa, então, a ser considerada ciência, pelo simples fato de os cientistas a ele se dedicarem experimentalmente. Entretanto, não se fala ainda em comportamento, conduta ou ação. Preserva-se o vocabulário cartesiano, distinguindo-se, de um lado, a consciência – sede das percepções, ideias, sentimentos e motivos – e, de outro, os movimentos.

No início do século XX, com o aparecimento das chamadas *escolas psicológicas*: Estruturalismo, Funcionalismo, Behaviorismo, Gestaltismo e Psicanálise, ocorre um rompimento com o dualismo implícito na Psicologia, então definida como a ciência do psiquismo ou dos fatos da consciência. (Não é possível aqui, num simples texto introdutório, tratar do conteúdo de tais escolas. Pesquisa a respeito poderá ser feita em alguns dos livros indicados ao final da obra.)

A Psicologia tem agora campo próprio de estudo. Muito se tem discutido, porém, sobre qual seria este campo. Uma coisa é certa: ela se preocupa com o Homem, diferentemente que qualquer outra ciência. Tem objeto determinado, objetivos claros, usa métodos especiais, embora seu campo de estudo ainda se confunda, em suas fronteiras, com a Fisiologia, por um lado, e as Ciências Sociais, por outro, motivo pelo qual é também considerada uma ciência biossocial.

Lauro de Oliveira Lima, uma das maiores expressões brasileiras no campo da Educação, diz em *Mecanismos da Liberdade* (1980). "Há uma razão epistemológica para se considerar a Psicologia individual uma microssociologia. Não é possível observar os ser humano senão através de momentos nos quais se encontra em Interação. Os fenômenos psicológicos, portanto, são sempre fenômenos estruturais e estruturantes, uma vez que toda relação circular – as relações humanas são circulares – tende a criar uma estrutura. Daí decorre que a Psicologia tem de invadir as fronteiras da Sociologia, quer dizer, do estudo das relações na forma de agir do indivíduo, mesmo porque a forma de agir modificada modifica, por sua vez, a relação. O estudo interdisciplinar é o mínimo que se exige nesta abertura de fronteiras."

Por outro lado, não se pode negar que o indivíduo é um organismo em ação. Aí entra o campo da Biologia.

A Psicologia não estuda apenas o comportamento humano. Estuda ainda o comportamento animal, principalmente de ratos e chimpanzés, pois este estudo oferece subsídios interessantes na compreensão das bases do comportamento humano. Generalizar, porém, como regra, as reações animais para o Homem, seria, a meu ver, ignorar a peculiaridade deste ser capaz de criar cultura, emocionar-se, perceber o que se passa com seus iguais e sentir com eles.

Acreditar que a Psicologia deva ser ciência nos moldes daquelas que se baseiam principalmente no método experimental, seria empobrecê-la por demais, já que o Homem é um ser especial da natureza.

Aceito, então, a Psicologia como uma ciência que não tem condições de usar sempre os métodos tradicionais das chamadas ciências exatas.

O Behaviorismo, uma das modernas correntes psicológicas, entende o Homem como sendo uma caixa preta, considerando, portanto, sua mente e psiquismo como inacessíveis ao estudo pela Psicologia. Os behavioristas resumem tudo em Estímulos e Respostas. Para eles, cada estímulo determina uma resposta específica. E é só isso o que se pode conhecer.

Quer me parecer, entretanto, que o fato de o observador ser também humano – e conhecer certamente, a história pessoal e a cultura particular do observado – lhe permite penetrar nessa *caixa preta*, por um processo de identificação.

Concluindo: a Psicologia é o estudo do comportamento. E como o Homem e seu bem-estar são os nossos interesses principais, é do comportamento humano que trataremos aqui.

Para que se tenha noção da extensão do campo da Psicologia, eis algumas questões que lhe são pertinentes:

– Como aprendemos?

– Como se dá o desenvolvimento físico, motor, emocional, social e intelectual da criança?

– O que é a crise da adolescência?

– Que fatores influem no desenvolvimento?

– Que são emoções? Elas são inatas ou aprendidas?

– Por que nos lembramos e esquecemos?

– Como se desenvolve o pensamento?

– Qual a ligação entre pensamento e linguagem?

– Como se dá a resolução de problemas?

– Qual a influência do grupo sobre o indivíduo?

– Como se desenvolve a personalidade?

– Como se dá a percepção?

– Quais são os fatores responsáveis pelos diversos tipos de retardamento mental?

– O que motiva o comportamento?

– Como explicar as diferenças individuais?

– Quais as causas dos desvios de comportamento?

– Como atuar sobre o desajustamento?

– Qual a influência dos valores e das atitudes na percepção dos indivíduos?

– Como estimular a criatividade das pessoas?

O que é Psicologia

Pode-se perceber que o campo da Psicologia é bastante vasto e trata de questões fascinantes para todos aqueles que desejam compreensão mais profunda de si próprios e de seus semelhantes. É conhecimento indispensável para quem quer que vá lidar mais diretamente com as pessoas. É esse o caso não só de psicólogos e psiquiatras, mas também dos médicos, educadores, professores, assistentes sociais, eclesiásticos, advogados etc.

Como estudo científico do comportamento, a Psicologia deve procurar alcançar três objetivos: a descrição, a predição e o controle do comportamento.

A descrição é a primeira etapa buscada pelo cientista do comportamento. Refere-se à necessidade de se tornarem claramente explícitas as condições nas quais o fenômeno ocorre, sem qualquer referência ao significado. Por exemplo: um experimentador que esteja observando o efeito do excesso de tensão sobre a aprendizagem deverá, simplesmente, descrever todas as etapas do fenômeno, tais como efetivamente se apresentam, sem nenhuma colocação de interpretações pessoais. Esta operação é bastante difícil para o psicólogo, pois, ainda que involuntariamente, sua tendência é envolver-se e tentar comprovar, de todo modo, suas hipóteses pessoais. Além disso, a própria disposição psicológica do observador pode interferir na resposta do observado.

A predição é o segundo nível a se alcançado pelo cientista. A capacidade de predição em Psicologia já é possível em algumas áreas onde hipóteses foram comprovadas e relações de causa-efeito estabelecidas através de estudos criteriosos. Se, por exemplo, um rato recebeu alimento cada vez que manipulou uma alavanca, poder-se-á prever, com certeza, que, ao sentir fome, novamente haverá de pressioná-la.

Um terceiro objetivo é o controle ou a capacidade de manipular o comportamento dos indivíduos, por meio de certas técnicas. Tal manipulação é muito usada no campo das relações humanas, principalmente em empresas, publicidade etc. Exemplificando: consideremos o caso de propaganda, em que mensagens subliminares (estímulos pouco intensos que, com a repetição, produzem certos efeitos) induzem a determinado tipo de comportamento por parte do público.

Deve-se, pois, ser capaz de descrever o comportamento de forma precisa e explicá-lo adequadamente, antes de se poder pensar em predizê-lo ou mudá-lo, com razoável margem de êxito.

O HOMEM: UM SER ESPECIAL

O estudo do Homem é extremamente difícil e enorme a ignorância em relação a ele. O modo de ser biológico do homem e seu desenvolvimento não podem ser ignorados, pois orientam no sentido de seu comportamento.

O Homem é um animal essencialmente diferente de todos os outros. Não apenas porque raciocina, fala, ri, chora, opõe o polegar, cria, faz cultura, tem autoconsciência da morte. É também diferente porque o meio social é seu ambiente específico. Ele deverá conviver com outros homens, numa sociedade que já encontra, ao nascer, dotada de uma complexidade de valores, filosofias, religiões, línguas, tecnologia.

Se tem um sistema nervoso mais elaborado que os dos outros animais e possui capacidades que eles não possuem, encontra-se, no entanto, ao nascer, mais vulnerável e menos apto para a sobrevivência. Um bebê humano, por exemplo, não consegue prover sozinho à sua alimentação, enquanto que a maioria dos animais já é auto-suficiente ao nascer. Longos anos haverão de se passar até que o ser humano tenha condições físicas, intelectivas e emocionais para sobreviver em seu ambiente próprio. O animal é provido de instintos, o homem não. Por isso *ele terá que aprender quase tudo.*

"Mas, não se ouve dizer *instinto* de sobrevivência, *instinto* sexual etc., quando se refere ao ser humano? Que história é essa?" – o leitor deverá estar pensando. É simples de explicar: o animal nasce com uma programação genética, um equipamento inato que o prepara para todos os atos da sobrevivência. Ninguém lhe ensina que é época de procriar, que existe água por perto ou que ele deverá defender-se. Ele já está preparado pela própria Natureza para tudo isto.

Já observaram como um joão-de-barro constrói sua casa ou como as abelhas constroem a colmeia? Já viram algum joão-de-barro que construísse um modelo diferente de casa ou abelhas que construíssem colmeias diferentes? Desde que o mundo é mundo, eles sempre repetiram o mesmo comportamento. Para isso eles foram preparados. Seu comportamento é, pois, estereotipado. E é a isto que chamamos instinto: uma série de atos repetitivos que levam a um determinado fim.

O que é Psicologia

O homem deverá conviver com outros homens numa sociedade que já encontra ao nascer.

Já o homem terá de aprender as coisas mais simples, como mamar. O bebê nasce com o reflexo de sucção, mas, até que consiga pegar bem o bico do seio e sugar sem engasgar, precisa de certo treino.

O ser humano tem, portanto, reflexos, necessidades, impulsos, mas não *instintos*, pois para atender às necessidades mais primárias, necessita de alguma aprendizagem. Ele tem o impulso de sobrevivência, a necessidade de alimento etc., mas para atendê-los precisa aprender.E vai aprender de acordo com os padrões correntes em sua sociedade específica e em sua família. Assim, há pessoas que comem usando talheres, enquanto outras usam pauzinhos ou, ainda, as próprias mãos

Não tem muita importância, porém, se usamos a palavra impulso ou instinto. O que importa é compreender que, nesta questão de sobrevivência e adaptação ao ambiente, o Homem é um ser muito especial, pois tem de aprender praticamente tudo e possui uma capacidade extraordinária para isso.

A aprendizagem, que significa mudança de comportamento como resultado da experiência, será básica em todo o processo humano de ajustamento. Ajustar-se significa aprender formas de comportamento que permitam ao indivíduo adaptar-se às exigências internas e externas que lhe são impostas.

A fim de evitar dúvidas, é bom lembrar que o animal também aprende. Apenas tem menos capacidade para tal, já que não é capaz de raciocínio, e menos necessidade, já que seu ambiente é simples e ele é provido de instintos.

A linguagem

É preciso ressaltar que o Homem não seria capaz de fazer cultura e nem de pensar sem a linguagem.

Os animais se comunicam, mas não conseguem falar, nem usar símbolos.

A linguagem permite ao Homem ligar o presente ao passado e antecipar o futuro. É através dela que o homem pensa, lembra, elabora conceitos, organiza suas experiências, trabalha no nível da abstração, prevê, julga, planeja, idealiza.

Sem a linguagem, tanto oral quanto escrita, teríamos de estar eternamente recomeçando, pois não haveria como transmitir todo o acervo cultural que o Homem conquista em determinado momento histórico.

Fundamental, portanto, no comportamento humano o fator da linguagem. Através dela são introjetados os valores próprios de uma sociedade, moldando a personalidade do indivíduo; é também através dela que as pessoas se comunicam, passando umas para as outras suas expectativas de comportamento.

Sem a linguagem, pois, não haveria esse meio social, esse processo de trocas, colocado como característica básica no aprendizado humano. A linguagem é, então, instrumento e produto social e histórico.

Nossa visão de mundo, a maneira como vamos compreender a realidade estão estreitamente ligadas a linguagem. É através das nossas relações com os outros, em que a linguagem se coloca como fator primordial, que vamos elaborar nossas representações do que é o mundo. A palavra está, então, intimamente ligada à transmissão ou imposição da ideologia dominante.

Voltando à característica própria do ser humano – o fato de que seu desenvolvimento se dá em um meio social – lembremos que as palavras dos outros se tornam nossas palavras, sua maneira de falar, nossa maneira de falar; as ideias que eles veiculam através da palavra se tornam nossas ideias e as respostas esperadas ao estímulo de cada palavra são sempre reforçadas pelo meio social. Assim, por exemplo, se a criança usa uma palavra ligada a sexo, em nossa cultura, ela é reprovada com uma cara fechada, uma bofetada, palavras de repreensão ou mesmo um castigo. Ela aprende, então, três coisas: que a palavra não deve ser dita; que, se for dita, será considerada como agressão; e, ainda, que o sentido implícito, sexo, não é algo bem aceito em sua sociedade.

Sendo a linguagem tão importante, estreitamente ligada ao comportamento global e instrumento básico na resolução de problemas e na criatividade, seria o caso de se perguntar se a Psicologia não é, também, a Ciência das Comunicações e o psicólogo um verdadeiro comunicólogo. Parece ser por aí que as coisas caminham hoje em dia. Atualmente um novo campo de estudo – a psicolingüística – está se desenvolvendo. Os psicolingüistas estudam como a linguagem é adquirida e usada e a maneira pela qual funciona como estímulo que induz a determinado comportamento. A linguagem pode estimular diretamente um padrão de resposta específico e isto é crucial na aprendizagem e na elaboração mental.

O MECANISMO DO COMPORTAMENTO

Como se comporta o Homem? Por que se comporta de determinada maneira? O que pode ser feito em relação ao seu comportamento? E o que, finalmente, leva o Homem a *comportar-se*? Isto é, por que, ao invés de ficar quieto em um canto, ele age e se movimenta no sentido de buscar alimento, praticar esportes, ganhar dinheiro etc.?

Pelo simples motivo de que todos temos necessidades físicas, psíquicas e sociais que nos levam a agir em busca de satisfação ou redução de tensão. Toda vez que estamos insatisfeitos, seja de que ordem for esta insatisfação, tornamo-nos tensos, isto é, nossos músculos se enrijecem e certas glândulas liberam determinados hormônios em nosso sangue. A tensão é desagradável. Assim, a tendência natural será procurar alguma forma de nos livrarmos dela.

Toda necessidade, portanto, provoca tensão que leva à ação, visando a um objetivo (processo de motivação). Quando este objetivo é alcançado, há a redução de tensão e, portanto, o relaxamento, acompanhado de sensação agradável. Este estado de equilíbrio que o organismo alcança com a satisfação da necessidade chamamos de *homeostase*.

Nossas necessidades são inúmeras. Algumas nascem conosco, mas a maioria delas aprendemos no convívio social. Não temos necessidade apenas de alimento, água, oxigênio, evitar a dor, sexo, manter o equilíbrio térmico do organismo etc. Temos também a necessidade de afeto, de contato, de aprender (curiosidade), de transcendência (ir além do que é objetivo e palpável), assim como de prestígio, aprovação etc. Assim, são múltiplas as razões pelas quais somos levados a agir e o fazemos até a morte.

Neste ínterim, entre concepção e morte, estamos não apenas agindo e interagindo, mas ampliando nossos conhecimentos e crescendo em todos os sentidos.

Não apenas procuramos atender às nossas necessidades, mas temos também – quando nada desviou o nosso desenvolvimento da normalidade – tendência a querer ajudar o outro no atendimento das próprias necessidades, assim como a criar, inovar, renovar, fazer evoluírem as instituições e a tecnologia.

O Homem é, pois, ao nascer, apenas um organismo biológico que, em contato com os outros de sua espécie, deverá tornar-se Pessoa, Gente, um verdadeiro Ser Humano. Ele vai desenvolver um *Self*, que é a consciência de si, a capacidade de se ver e se analisar, de perceber o que o outro pensa e sente, colocando-se em seu lugar.

O que o indivíduo traz consigo ao nascer? Sua constituição física, fruto da união entre os gametas dos pais: o espermatozoide e o óvulo. Estes gametas lhe forneceram características próprias do gênero humano e características individuais, que farão dele um ser único na natureza.

Muitas das potencialidades que traz, por ocasião do nascimento, vai desenvolver, ao longo da vida, em contato com as outras pessoas e como fruto de experiências pessoais.

Além dos reflexos, o equipamento humano inato presume impulsos, necessidades, emoções básicas, mecanismos de resposta, capacidade de percepção, potencial intelectual, processos sensórios, memória, temperamento.

Com o desenvolvimento do sistema nervoso, o indivíduo tornar-se-á cada vez mais capaz de aprender. Assim, aprenderá também outras necessidades, outras emoções e desenvolverá sentimentos, educará seu temperamento etc.

Em nossa existência no Mundo iremos, pois, nos adaptando; com isso, desenvolvendo e, até certo ponto, modificando o próprio equipamento inato. O que seremos dependerá fundamentalmente das nossas experiências na Família, na Escola, na Sociedade. De um lado, portanto, está o Eu e do outro o Mundo. É da interação Eu-Mundo que há de se formar a personalidade.

O Mundo implica uma série de regras, limitações, conceitos: *pode, não pode, certo, errado.* A criança se vê diante de um Mundo desconhecido, mas encontra já delimitados os *mapas* que deverá seguir. E, durante toda a sua vida, uma luta ferrenha há de se impor: o Eu tentando preservar a individualidade e a Sociedade tentando impor seus conceitos e padrões. A criança com raiva, por exemplo, deseja naturalmente extravasar esta emoção, no que é, quase sempre, impedida pelos representantes da sociedade, os pais e professores. Digamos, também, que Joãozinho deteste cebolas (isto é próprio dele, é uma expressão de sua individualidade). No entanto, é *forçado* a comê-las, pois os pais acreditam que isto é importante para sua saúde.

O processo de ajustamento será, então, fundamental para a existência e consistirá em meios através dos quais o indivíduo haverá de adaptar-se às exigências de seu organismo e do meio ambiente. É, basicamente, uma harmonização entre o Eu e o Mundo. Liga-se, portanto, às necessidades do indivíduo, assim como à sociedade, "papéis" e situações específicas que vive.

O ajustamento é, em consequência, um processo de aprendizagem, em que as reações úteis são aprendidas e as que se mostram ineficientes abandonadas. Muitas vezes, entretanto, reações que se apresentam como úteis, em determinado momento, para a redução de tensão excessiva, podem ser perigosas para o ajustamento geral do indivíduo. Daí pode surgir o desajustamento, pois estas reações costumam tornar-se tão firmes como hábitos, que o indivíduo se torna incapaz de superá-las. Por exemplo; uma doença pode ter sido, em determinado momento da vida, uma forma de obter carinho. Em consequência, o sujeito pode *adoecer* sempre que esteja necessitando de atenção. Esta é uma forma anormal de ajustamento.

Nascemos dentro de uma série concêntrica do grupos, alguns maiores, outros menores: família, grupo local, nacional etc. Neles nos integramos, formando, dentro de suas estruturas, a estrutura de nossa personalidade. Deles recebemos valores, que não são apenas uma *preferência*, ou um *desejo*, mas uma formulação do *desejável* e dos padrões do *deve* e do *precisa*, que influenciam a nossa ação.

Além dos determinantes biológicos e sociais, todos os indivíduos vivem situações que lhes são peculiares. Há coisas que acontecem às pessoas: um encontro acidental, o fato de ter nascido em determinada família, uma falência, a morte de um amigo... São acontecimentos particulares, que não se ligam, de modo geral, aos padrões de todo um grupo e que, no entanto, serão fundamentais no desenvolvimento da personalidade.

O que é Psicologia **31**

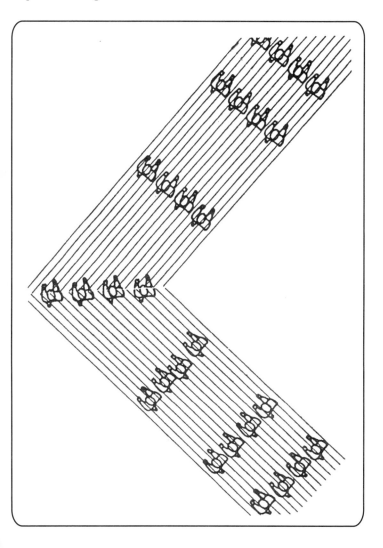

De modo bastante elementar, o comportamento humano poderia ser explicado da forma que acabei de apresentar. Entretanto, é bom lembrar que, nem sempre, as explicações para determinado comportamento podem ser muito simples. Isto porque a causalidade múltipla costuma ser regra em Psicologia, significando que os fatores que influem no comportamento costumam ser numerosos, sendo difícil, ou mesmo impossível, isolar uma causa única para explicar dado comportamento.

Outro elemento importante, vale ressaltar, é que o sujeito vai reagir ao mundo (isto é, à multiplicidade de estímulos que o atingem) *conforme ele os percebe.*

Resumindo, o processo de desenvolvimento humano é um processo de ajustamento. Todos devemos atender a uma série de necessidades internas e, ao mesmo tempo, às imposições e limitações do ambiente, tanto social quanto físico. Em suma: o objetivo de todo comportamento é a aquisição de um repertório de respostas que nos permitam harmonizar as duas tendências.

Conflito, frustração e ansiedade

Muitas vezes, e por múltiplas causas, não podemos ser satisfeitos. A frustração, que é exatamente o contrário da satisfação, é uma constante não somente em nossas vidas, mas também na vida dos animais.

Toda vez que desejamos alcançar um objetivo e não conseguimos, sentimo-nos frustrados. Experimenta-se pois, a frustração sempre que necessidades importantes são contrariadas.

Como a frustração decorre da contrariedade de algum motivo e como os motivos humanos variam de indivíduo para individuo, não se pode especificar todas as situações que resultam em frustração. Mas, de modo geral, esta pode ser classificada em: frustração por demora, por contrariedade e por conflito.

A frustração por demora é talvez a mais comum e aquela a que as pessoas se adaptam com maior facilidade. O bebê faminto, que tem que esperar a mamãe preparar a mamadeira, já lida com este tipo de frustração. E a criança é quem mais sofre com ela, pois não tem ideia real do tempo e desconhece que a satisfação poderá vir em seguida.

A frustração por contrariedade ocorre quando alguma interferência, alguma barreira nos separa de nosso objetivo. Exemplos: o bebê que deseja pegar um objeto e é impedido pela mãe; uma moça que deseja ir a uma festa e é impedida pelos pais; namorados que estão tensos sexualmente e são impedidos de manter relações por uma série de circunstâncias. Este tipo de frustração é bem mais doloroso e difícil de ser suportado.

Já a frustração por conflito acontece quando nos vemos diante de duas exigências e só podemos atender a uma. Mais adiante, me deterei um pouco mais nesta forma tão comum de frustração, com a qual temos que lidar a todo momento.

Fonte corriqueira de boa parte de nossas frustrações é de origem social. Como vimos, algumas linhas atrás, a criança encontra um mundo onde as regras do jogo já estão determinadas. E estas regras, muitas vezes, estão em contradição com os seus desejos, impulsos, necessidades. A criança tentará, de toda forma, afirmar-se, mas encontrará sanções cada vez que contrariar as determinações do grupo social. A princípio, terá grande dificuldade em lidar com as frustrações. Com o tempo, porém, aumentará sua capacidade e aprenderá formas conciliatórias.

Os indivíduos podem reagir à frustração de diversas maneiras, algumas positivas e outras negativas – não no sentido ético – mas no de ser melhor ou pior para o ajustamento global.

Agressão, agressão deslocada, regressão, fantasia, fixação, apatia e outros mecanismos de defesa costumam ser consequência da frustração, assim como o esforço intensificado, a mudança dos meios e a substituição do objetivo.

Exemplificando:

– agressão: o marido chega em casa com fome e, não encontrando o almoço pronto, agride verbalmente a esposa.

– agressão deslocada: o garoto impedido pelos pais de ver um filme, não podendo se voltar contra eles, bate no irmão menor por questão de somenos importância.

– fantasia: a moça que, não conseguindo conquistar determinado rapaz, passa, com frequência, a imaginar-se nos braços dele, em situações amorosas.

– regressão: a criança, já grandinha, que, por um fracasso na escola, volta a urinar na cama.

– fixação: alguém que com gritos conseguiu, em alguma ocasião, alcançar seu objetivo, repete sempre o mesmo comportamento toda vez que deseja obter algo, embora a estratégia possa não mais funcionar.

– apatia: um garoto, depois de repetir o ano várias vezes na escola, não mais se esforça no estudo e não se importa com mais nada.

– esforço intensificado: alguém que, tendo perdido um concurso, passa a estudar com mais afinco para o próximo.

– mudança dos meios: um macaco peleja para alcançar uma banana colocada a uma certa distância da jaula e não consegue; pega, então, uma vara e puxa com ela a banana.

– substituição de objetivos: a moça abandonada pelo noivo, que arruma outro namorado.

Existem outros mecanismos, chamados por Freud de mecanismos de defesa do *ego*. Eis os mais comuns, diante da frustração:

– racionalização: maneira de justificar logicamente o que fazemos e aquilo em que acreditamos. Exemplos: "não passei no concurso porque as provas foram mal elaboradas"; "não dancei com fulano porque ele não me interessa" (sendo que ele nem tomou conhecimento da presença dela; este é o mecanismo das *uvas verdes);* "estou muito satisfeita por meu filho ter perdido o vestibular, acho que é bem melhor que ele trabalhe" (mecanismo do *limão doce).*

– compensação: a pessoa disfarça as fraquezas mediante o realce de uma característica desejável ou encobre a frustração numa área pela excessiva gratificação em outra. Exemplos: pessoa que, frustrada sexualmente, se compensa alimentando-se com exagero; o menino de constituição franzina que, não conseguindo sobressair-se nos esportes, dedica-se intensamente aos estudos e consegue ser o primeiro da classe.

– projeção: significa culpar outros pelas nossas dificuldades ou atribuir-lhes os próprios desejos não-éticos. É, portanto, uma forma de auto-engano, pela qual atribuímos a alguém nossas limitações, desejos, pensamentos indesejáveis e, inclusive, motivos e comportamentos que expliquem nossas atitudes. Exemplo: uma mulher desejava fazer um curso superior, mas nunca se animava a prestar o vestibular. Por fim, vivia se lamentando e dizendo que não havia estudado porque o marido nunca a incentivara.

– identificação: é a assimilação das qualidades de uma personalidade qualquer que possui o dese-

O que é Psicologia **37**

jado, aumentando com isso o sentimento de valia própria. Exemplo: uma pessoa que se ressente com a pobreza procura imitar o comportamento de indivíduos de classe social mais abastada, sentindo-se com isto superior.

– fuga: mecanismo através do qual o sujeito evita a situação que pode provocar-lhe frustração. Exemplo: um aluno, despreparado para um exame, apresenta no dia marcado uma terrível dor de cabeça, que o impede de realizar a prova.

– negação: a pessoa se nega, sistematicamente, a enxergar a realidade dolorosa. Por exemplo: a mãe que, avisada de que seu filho usa drogas, não procura investigar e afirma com veemência que aquilo não é verdade.

É impossível viver sem frustrações. Entretanto, a frustração crônica pode ter efeitos bastante deletérios, como o abalo da saúde física. A frustração prolongada pode provocar distúrbios como úlceras, pressão alta, asma, erupções cutâneas, dentre outros.

Todo indivíduo tem determinado nível de tolerância à frustração. Sempre que ela ultrapassa este nível, desorganiza-se o comportamento. No entanto, enquanto algumas pessoas, mesmo diante de frustrações persistentes, continuam calmas e senhoras da situação, outras se tornam agitadas, emocionalmente perturbadas e sem nenhuma condição de enfrentar os problemas. É claro que muitos fatores podem diminuir a tolerância da pessoa à frustração, como o cansaço, a doença e a fome.

Já vimos que o conflito se apresenta quando nos vemos diante de duas exigências e só podemos atender a uma. Se um impulso é, pois, travado por circunstâncias ou razões igualmente poderosas, ocorre conflito ou indecisão.

O conflito pode se dar entre exigências internas e externas, entre duas exigências externas ou entre duas exigências internas. Dependendo da natureza do conflito, o sujeito pode apresentar desde ligeira indecisão até bloqueio completo ou enorme tensão.

Exemplos de conflitos: "Vou ao teatro ou ao cinema?" (duas opções agradáveis); "Amo Lúcia demais, mas seu gênio é terrível. Caso-me ou não com ela?" (o objetivo é, ao mesmo tempo, agradável e desagradável); "Ponho o relógio no prego ou não pago o aluguel?" (as duas opções são desagradáveis).

Existem obstáculos que, frequentemente, interferem na resolução dos conflitos, como o fracasso em reconhecer-lhes as forças básicas subjacentes que, quase sempre, são inconscientes, e a própria tensão, irritabilidade, nervosismo, agressividade e protesto que costumam acompanhá-los. Em situações de conflito ou frustração, o indivíduo tende a apresentar ansiedade.

À medida que a criança se desenvolve, encontra frustrações e ameaças que tendem a produzir agres-

O que é Psicologia

são, ansiedade e tensão. Os conflitos entre as valências positivas (o que é agradável) e negativas (o que é desagradável) elevam o nível de tensão e causam alterações fisiológicas difusas, assim como interferência com os processos psicológicos.

A intensidade da tensão é, em grande parte, função das intensidades das valências positivas e negativas. Pode-se descarregar temporariamente a tensão psicológica mediante catarse, mas esta não resolve o conflito. Os conflitos podem ser aliviados mediante as defesas do *ego*. As soluções a largo prazo, entretanto, dependem de se encontrar formas socialmente aceitáveis, evitando as valências negativas ou substituindo a valência positiva por outra menos ativadora de ansiedade.

A ansiedade é bastante semelhante ao medo e desencadeia as mesmas sensações físicas, como tremores, taquicardia, transpiração, palidez etc. Há, porém, uma diferença capital entre ambos. O medo é reação diante de perigo real, objetivo, enquanto a ansiedade é sensação difusa diante de perigo imaginário ou oculto e subjetivo.

A característica principal da ansiedade é a impressão de que algo terrível e indefinido ameaça o indivíduo, algo contra o qual ele se sente impotente. Suas causas residem, primordialmente, nos impulsos hostis reprimidos e em quaisquer outros impulsos, desde que imperiosos e veementes, cuja satisfação signifique uma violação de outros interesses ou necessidades vitais.

A ansiedade crônica ou prolongada é extremamente danosa ao organismo, provocando reações psicossomáticas que podem ser bastante significativas.

De modo geral, a ansiedade desencadeia no indivíduo um nível de tensão que pode resultar em duas reações diferentes: depressão ou excitação, ou ambas alternadas. Há sintomas particulares somatizados: o corpo apresenta rigidez muscular, manifestada por movimentos secos e gesticulação sem fluidez; a respiração torna-se retida, tensa, superficial. Se predomina o sistema nervoso simpático, aparecem falta de apetite, digestão lenta, prisão de ventre; se o parassimpático, surgem apetite voraz, rapidez digestiva, compulsão alimentar. No primeiro caso, tendência à agitação, descontrole da imaginação, insônia; no segundo, apatia e sono exagerado. Em ambos os casos estão presentes as sensações de fadiga ou esgotamento.

Atenção excessiva pode, também, fazer com que o indivíduo apresente um mal-estar difuso, causando temor, instabilidade afetiva, susceptibilidade, incapacidade para suportar o desagradável, incapacidade de concentração, pouco rendimento intelectual. O indivíduo se torna desanimado, indolente, ou se compensa no ativismo, apresentando instabilidade.

Qualquer dessas manifestações e somatizações, portanto, indica que o indivíduo está vivendo sob estado de tensão e, quando esta é extremamente dolorosa, pode fazer com que a pessoa procure meios de reduzí-la ou eliminá-la, sem atender a qualquer resultado de inadequação.

O conflito, a frustração e um certo grau de ansiedade fazem parte da dinâmica da vida. Entretanto, quando passam a ser uma constante e o indivíduo, emaranhado neles, se coloca num círculo vicioso, que não leva a caminho algum mas apenas aumenta seu sofrimento, instala-se nele a neurose.

Nos conflitos neuróticos, as tendências contraditórias em ação não são reconhecidas, mas profundamente reprimidas; os fatores emocionais são racionalizados e as tendências em ambos os sentidos são compulsivas, fortes, irresistíveis. Sendo os conflitos inconscientes, as tendências opostas reprimidas e as emoções sempre racionalizadas, torna-se então extremamente difícil, quase impossível, ao indivíduo resolvê-los sem ajuda exterior.

Conflitos não resolvidos têm consequências profundas e amplas, que impregnam toda a personalidade, aumentando o processo neurótico.

O indivíduo apresenta medos generalizados: de enlouquecer, de ser desmascarado, do ridículo, da desconsideração, da humilhação, de qualquer situação de mudança. Desperdiça muita energia, estagnando-se na ineficácia e na incapacidade de assumir uma atitude definida. Apresenta depressão crônica, passando a preocupar-se com o futuro, a morte, ideias suicidas e mostra desencorajamento, desalento, conformismo. Algumas vezes, revela tendências sádicas, com a escravização moral e psíquica de outrem, manejamento das emoções alheias, exploração e humilhação de outrem, tendência para depreciar (gosto de focalizar os defeitos dos outros), inveja e sentimento de vingança, sadismo revertido (espécie de masoquismo ou gosto pelo sofrimento).

Sentimentos de culpa são expressão de ansiedade ou de defesa contra ela. São, também, efeito do medo da reprovação. Mas por que o neurótico tem medo da reprovação? Em primeiro lugar, por causa da discrepância entre a fachada, que apresenta para si e para os outros, e as tendências recalcadas que jazem por detrás, em segundo lugar, porque quer esconder o quão fraco e inseguro se sente; e, finalmente, porque, mais do que os outros, tem necessidade da aprovação alheia que significa, para ele, a segurança do afeto.

O medo de ser reprovado também decorre de uma consciência moral rígida formada na infância. É o medo da censura, da autoridade dos pais introjetada, que tem raízes perdidas no tempo, quando os genitores começaram a exigir da criança um comportamento em contradição com seus impulsos infantis, condicionando a instalação do sentimento de culpa, cada vez que a criança percebia em si tais impulsos *inaceitáveis* ou cometia qualquer ação contrária à censura. Quanto mais rígido e autoritário o comportamento dos pais, mais profundos os sentimentos de culpa que o indivíduo passa a carregar consigo. Mesmo quando adulto, com um código próprio de valores, o indivíduo não consegue furtar-se ao jugo desta consciência implacável que continua, como um verdugo, a vigiá-lo e condená-lo, impedindo-o de viver uma vida normal e sadia. Apenas uma terapia, uma reeducação, uma reestruturação da personalidade podem livrar o indivíduo destes sentimentos de culpa.

Os sentimentos de culpa costumam manifestar-se através de auto-recriminação, sutil ou declarada; do medo de ser censurado; da necessidade de expiação através do sofrimento; do perfeccionismo; da hipersensibilidade em relação a qualquer desaprovação; da cautela para não cometer enganos; do refúgio na ignorância, na doença, na incapacidade e na posição de vítima.

Enquanto existir sentimento de culpa, haverá também tendências irracionais de reparação do *prejuízo causado*, e essa reparação culposa só resulta em mais dano.

Concluindo: o conflito será, portanto, uma constante em nossas vidas. E sempre que encontrarmos a resposta que solucione um conflito, novo conflito aparecerá. Embora constitua, junto com a ansiedade, um dos principais fatores em qualquer forma de desvio de personalidade, o conflito é, entretanto, componente significativo do comportamento normal.

PANORAMA ATUAL DA PSICOLOGIA: AS QUATRO FORÇAS

A Psicologia já nasceu polêmica. Polêmica e radicalismo têm caracterizado sua história. Cabe-nos discernir, dentro de nossa filosofia pessoal, o que é mais lógico, mais claro e nos fornece melhores subsídios para a compreensão do Homem.

Atualmente, temos que escolher entre dois sistemas: o fechado e o aberto. O primeiro considera apenas o desempenho do Homem, sua otimização, seu funcionamento e exige o uso do método experimental, em laboratório. Já o outro se preocupa com a essência do Homem e sua auto-realização pessoal. A pessoa é vista dentro de uma totalidade, considerando-se a teia física, social, psicológica, econô-

O que é Psicologia **45**

mica, política, histórica e mesmo cósmica, que forma o próprio tecido da vida que vivemos neste mundo. É uma visão holística (global) do Homem. Este sistema é considerado pelos adeptos do anterior como não-científico, porque empírico (baseado apenas na observação).

Dentro do primeiro sistema, está o Behaviorismo, ou Comportamentismo, ou doutrina E-R (Estímulo-Reação) ou S-R (Stimulus-Reaction).

Já a Psicanálise seria uma fronteira, um sistema colocado entre ambos. Com forte base na Biologia, mas abrindo perspectivas para um estudo mais amplo e centrando suas pesquisas no Homem. Seria, pois, uma segunda força.

Como terceira força, dentro do sistema aberto, estão todas aquelas teorias de auto-realização, que acreditam na existência de um "projeto-Homem", que se expandiria até o infinito. Estão aqui as teorias de Rogers, Abraham Maslow, Rollo May, Perls, Reich e tantos outros.

Já a quarta força, também dentro do sistema aberto, é algo bastante novo em Psicologia. Com raízes em Jung – discípulo de Freud, que começou sua vida profissional com uma tese mediúnica e que abre para a Psicologia um imenso campo de questionamentos – coloca o Homem como um ser cósmico, em contato com todas as ondas e frequências do Universo. Esta quarta força é chamada de Psicologia Transpessoal e se liga, fortemente, à Parapsicologia, à Física e à Psicobiofísica.

Nos limites desta obra, não há como estudar em profundidade estas quatro forças, de teorias extensas e complexas. Tentarei, no entanto, dar uma breve visão de cada uma.

Psicanálise

Desde sua descoberta por Sigmund Freud, a Psicanálise tem tido larga influência sobre a Psicologia, a Educação, a Medicina e a Psiquiatria.

É uma corrente que se fundamenta sobre a teoria do recalcamento (repressão de necessidades), significando, também, método de exploração do psiquismo humano e terapêutica para certas neuroses.

Encontramos suas origens talvez nos filósofos do século XIX, que já afirmavam a primazia da vida instintiva, assim como em certos fisiologistas, neurologistas, psicólogos e médicos interessados nos fenômenos da histeria, hipnose e sugestão. Com as experiências feitas por estes estudiosos, ficou claro que a vida psíquica ultrapassava singularmente o campo da consciência.

Freud teve seguidores famosos, muitos dos quais apenas parcialmente adotaram sua orientação, discordando de muitas de suas teorias. Podem ser considerados, dentro da Psicanálise, Jung, Adler, Anna Freud, Melanie Klein, Otto Rank e os culturalistas (porque deixam de acentuar os fatores biológicos e dão maior ênfase à cultura) como Erich Fromm e

O que é Psicologia

Karen Horney. Modernamente, destaca-se o nome de Lacan.

Para Freud, o Homem é visto dentro de um contexto que abrange o plano biopsicossocial (que compreenderia toda a realidade humana) e seria impulsionado, sobretudo, a satisfazer certos instintos elementares, tão poderosos que o obrigam a alcançar seus fins, diretamente ou por caminhos tortuosos. Note-se que, na terminologia psicanalítica, usa-se a palavra instinto. Entretanto, a palavra *trieb*, usada por Freud, talvez fosse melhor traduzida como impulso ou motivo.

Com isso, Freud, absolutamente, não prega um retorno à vida primitiva, como pensam tantos, mas nos leva a compreender e aceitar a nossa realidade, alargando-nos a compreensão de nós mesmos, do outro e da vida, permitindo-nos, assim, maior paz interior.

Freud inaugurou um tempo de maior respeito pelo ser humano e sua liberdade. Com o caminho aberto por ele, começou a derrubada de velhos mitos: a vida da criança *não* é um paraíso; a mãe *nem sempre* sabe lidar com o filho; nem todo adulto é maduro emocionalmente; a relação amorosa nem sempre é autêntica; o homem não é dono absoluto de seu destino, pois as forças inconscientes que nos movem fogem do nosso próprio controle. Mas Freud não só derrubou mitos, como ainda abriu perspectivas, pois suas conclusões mostram que todos podemos ser muito mais alegres, sadios e criativos.

Seu conceito de personalidade é, pois, dinâmico: os motivos dos nossos comportamentos devem ser buscados em forças emocionais. Para ele, a personalidade é composta por três grandes sistemas: o *id*, o *ego* e o *superego*, que correspondem, respectivamente, aos componentes biológico, psicológico e social.

O *id*, zona inconsciente, abrangeria todos os impulsos primários, todo o conjunto de conteúdos herdados.

O *ego* é a zona da consciência, o elemento conciliador, solucionador, planejador, intermediário entre o *id* e o mundo externo, responsável pela combinação entre a imagem mental e a realidade objetiva. O *ego*, pois, busca o relacionamento com o ambiente.

O *superego*, por sua vez, é a consciência moral, o censor, a voz da sociedade interiorizada. Representa as normas, as exigências e os valores que são transmitidos à criança, principalmente pelos pais, e incorporados à sua personalidade.

A atividade psíquica é consciente e inconsciente, sendo que a parte consciente não é senão a ponta do *iceberg*. O homem, portanto, conhece apenas algumas de suas motivações, porque a maioria delas tem raízes lançadas no inconsciente.

O inconsciente seria, então, uma zona profunda de nosso psiquismo, da qual pouco ou nada conhecemos, para a qual lançamos ideias, conteúdos e experiências insuportáveis à vivência consciente. Os motivos inconscientes, portanto, assim permanecem porque temos interesse em não nos darmos conta deles. Expulsar da consciência certos impulsos não impede, entretanto, que eles existam e se tornem efetivos. Assim, para compreendermos qualquer estrutura de personalidade é necessário reconhecer a existência de impulsos emotivos de natureza antagônica.

Outra descoberta freudiana altamente construtiva refere-se à importância da infância na vida futura do indivíduo. As relações infantis, na sua totalidade, moldam o caráter de um modo que não se pode encarecer suficientemente. Para Freud, a infância é a época decisiva na organização da personalidade e é nesta fase que têm origem as neuroses e psicoses.

As frustrações intensas que ocorrem na infância, e os efeitos educacionais como a superproteção, a instabilidade, o controle rígido, a carência de afeto levam o indivíduo à angústia, agressividade, revolta, insegurança, timidez, dependência, irritabilidade, nervosismo etc., comportamentos estes que, por sua vez, motivarão outras formas inadequadas de contato com o ambiente.

Também os conflitos havidos neste período, determinando a repressão dos impulsos, podem produzir, mais tarde, a desintegração da personalidade. Eles não morrem, mas ficam dinâmicos no inconsciente.

É na infância que se adquirem os complexos, tendo importância básica o de Édipo (do menino) ou

Eletra (da menina), que é a atração experimentada pelo genitor do sexo oposto, acompanhada de ciúme com relação ao outro. Este complexo pode ser resolvido com a identificação da criança com um dos pais (o do mesmo sexo). Este processo de identificação é importantíssimo para a futura vida amorosa do indivíduo.

Freud encarou qualquer tensão como recalque. O recalque ou repressão é a mola-mestra da personalidade. O conflito é sempre um choque entre os desejos do *id* e a censura. A libido (forças da vida, busca do prazer) recalcada procura sempre válvulas de escape: sonhos, arte, cultura, sintomas neuróticos.

O restante da doutrina freudiana: seus conceitos de transferência e instinto de morte; psicologia feminina; teorias dos sonhos, dos atos falhos etc., embora bastante importantes, fogem aos objetivos deste texto. Por isso, aconselho sua leitura em outras obras.

Movimento humanístico ou teorias de auto-realização

O movimento humanístico procura valorizar o Homem e se preocupa, basicamente, com o que ele pode *vir a ser*. Acredita nas potencialidades humanas, que só não se desenvolveriam em condições adversas, como a repressão ou a agressão, passíveis de conduzir o homem à neurose.

Básica no movimento humanístico em Psicologia é a ênfase que se dá à complexidade e singularidade do Homem. Os humanistas também salientam um aspecto desta singularidade humana – o vivenciar ou experienciar – dando ênfase ao pensar, decidir e sentir, processos fundamentais, *embora não passíveis de observação direta.*

Parece que, além da disposição biológica para o crescimento e o desenvolvimento, cada indivíduo possui tendência ao desenvolvimento psicológico. Este foi descrito por vários psicólogos como tendência à auto-realização, impulso para a autocompreensão, necessidade de aprimorar a consciência e a competência, tudo isto a fim de se obter mais alegria e satisfação na vida.

O estudo dos humanistas é baseado mais na observação de indivíduos emocionalmente saudáveis do que na de indivíduos perturbados. E o que seria o indivíduo saudável emocionalmente? Para eles, aquele que é criativo, amoroso, receptivo, perceptivo, decidido, capaz de verdadeira intimidade, verdadeiro, espontâneo.

Se pensarmos na vida como um processo de escolhas, então a auto-realização (ou auto-atualização) significa fazer de cada escolha uma opção pelo crescimento. Muitas vezes temos de escolher entre o crescimento e a segurança, entre progredir e regredir. Toda escolha tem seus aspectos positivos e negativos. Preferir a segurança significa optar pelo conhecido e pelo familiar, mas também pode significar tornar-se inútil e velho. Escolher o crescimento é abrir-se para experiências novas e desafiadoras, mas arriscar o novo e o desconhecido.

Atualizar é tornar verdadeiro, existir de fato e não somente em potencial. Assim, auto-atualizar é aprender a sintonizar com sua própria natureza íntima. Isto significa decidir-se sozinho. A honestidade e o assumir responsabilidade de seus próprios atos são elementos essenciais na auto-atualização. Ao invés de *posar* e dar respostas calculadas para agradar outra pessoa ou dar a impressão de sermos bons, devemos procurar as respostas em nós mesmos. Toda vez que fazemos isto entramos em contato com o nosso íntimo.

Auto-atualização é também um processo contínuo de crescimento, de desenvolvimento das próprias potencialidades. Isto significa usar a inteligência e habilidades e "trabalhar para fazer bem aquilo que queremos fazer".

Um passo além na auto-realização é conhecer as próprias defesas e então trabalhar para abandoná-las. Precisamos nos tornar mais conscientes das maneiras pelas quais distorcemos nossa auto-imagem e a do mundo exterior através dos mecanismos de defesa.

Os humanistas acreditam que o homem tem uma potencialidade infinita para expandir-se, crescer, realizar-se e que todo comportamento visa a este objetivo.

A tendência inata à auto-realização pode ser descrita como a tendência do organismo para reduzir as impulsões biogênicas (ou fisiológicas), tornar-se independente do ambiente, usar tanto quanto possível suas habilidades, criar e chegar a níveis mais altos de eficiência.

"Tornar-se pessoa" significa libertar-se das peias internas, tornar-se capaz de um contato verdadeiro (intimidade) com o outro, não fazer jogos, não usar máscaras, não se satisfazer com o simples ajustamento, mas tender a criar novas ideias e coisas, ser cooperativo, receptivo e amoroso.

Correntes behavioristas, E-R ou comportamentistas

Watson e Skinner são os dois grandes nomes do Behaviorismo. Todavia, outros tantos se destacam, como Clark Hull, Dollard, Miller, Tolman, Guthrie etc.

Não existe só uma teoria E-R, mas um grupo de teorias, mais ou menos semelhantes, embora tendo cada uma delas ao mesmo tempo algumas qualidades distintas.

Esses sistemas começaram como tentativas para avaliação da aquisição e retenção de novas formas de comportamento que apareciam com a experiência. Daí a grande ênfase que se dá ao processo de aprendizagem.

Embora não ignore os fatores inatos, o teórico E-R preocupa-se mais com o processo através do qual o indivíduo se coloca entre sua ordem de respostas e a enorme variedade de estimulação (interna e externa) à qual está exposto.

De acordo com as teorias comportamentistas, os modelos da personalidade são o resultado de respostas aprendidas aos estímulos do ambiente. Dollard e Miller, por exemplo, veem os conflitos da primeira infância como resultado do manejo inconsciente dos pais em termos de recompensa e castigo. Tais inconsistências geralmente estão centradas no controle de alimentação, treino de limpeza, educação sexual básica e atitudes com relação às explosões de raiva e agressão da criança.

Skinner é um behaviorista que acredita que a personalidade não necessita ser explicada em termos de hipotéticas necessidades e motivos, mas em termos de estímulos que determinam a ocasião para certos tipos de respostas e os reforços que as mantêm.

As teorias E-R, pois, acentuam a aprendizagem como fator básico no desenvolvimento da personalidade, não se limitando a conceitos exclusivamente de maturação (desenvolvimento do organismo como função do tempo ou idade).

Elas são chamadas teorias E-R porque, em suma, apresentam a aprendizagem em termos de mudanças na associação entre estímulos e respostas.

As teorias E-R têm sua base no trabalho de Pavlov e Thorndike. A teoria de Pavlov é a do condicionamento clássico, em que um estímulo neutro, como o som de uma campainha, é sistematicamente emparelhado com algum outro estímulo, como um choque elétrico, que produz regularmente uma resposta forte e incontrolável da parte do sujeito. O emparelhamento dos estímulos é repetido até que a campainha sozinha venha provocar a mesma resposta que o choque. Este condicionamento é também chamado respondente, por causa da ênfase sobre as propriedades das atividades reflexas (respondentes).

O mais conhecido conceito de Thorndike é a sua *Lei do Efeito.* Esta lei diz que a conexão entre um estímulo e uma resposta é fortificada quando a associação entre eles *satisfaz* o organismo.

Skinner é o fundador da maior escola de pensamento na psicologia E-R. Ele realmente fundou um sistema, que se baseia no behaviorismo de Watson e nos conceitos de estímulo, resposta e reforço.

Segundo seu conceito, reforço é qualquer estímulo que torne mais forte a resposta que leva de volta ao estímulo. Por exemplo, na chamada *Caixa de Skinner,* cada vez que o rato manipula, ao acaso, uma alavanca (resposta), ele recebe alimento dentro da caixa (cai, automaticamente, funcionando o alimento como estímulo). O estímulo (o alimento), pois, reforçará a resposta (manipular a alavanca), levando de novo ao alimento (busca do estímulo).

Qualquer coisa que faça crescer a possibilidade de que a resposta ocorra é vista como reforço positivo. Alimento, elogio, dinheiro, um balançar de cabeça e um sorriso são exemplos de reforços positivos. Existe também o reforço negativo, aquele que provoca uma resposta de esquiva, isto é, o indivíduo evita determinado comportamento com medo da punição. Por exemplo: um garoto que tirou notas baixas na escola é proibido pelos pais de ver televisão por um mês. O garoto, então, estuda mais para *evitar* o castigo. O reforço negativo é muito menos eficiente que o reforço positivo.

A punição e o reforço negativo envolvem o uso de estímulos aversivos. Entretanto, o reforço negativo fortalece a resposta que termina com o estímulo aversivo. Na punição, uma resposta é suprimida pela apresentação de um estímulo aversivo. Há grandes desvantagens na punição: a) a menos que seja extremamente severa, a resposta punida voltará; b) introduz estímulos capazes de atrapalhar o processo de aprendizagem como o medo e o ressentimento. Para que a punição seja efetiva é melhor dar uma resposta alternativa que resultará num reforço positivo.

Skinner distingue entre dois tipos de aprendizagem: a respondente e a operante. Para ele, o tipo operante é mais importante, desde que envolve formas mais complexas de aprendizagem. Na aprendizagem operante, as situações devem ser arranjadas de modo que a resposta desejável seja relacionada ao reforço. Exemplo: em uma instituição, um cientista gostaria de levar um dos internos ao laboratório para estudo. Toda vez que este interno passava pela porta do laboratório, o cientista lhe sorria e lhe dava bombons, coisa que o indivíduo muito apreciava. Com o tempo, o sujeito passou a esperar o sorriso e os bombons da parte do cientista. Posteriormente, este não mais apareceu à porta do laboratório e o interno, toda vez que por ali passava, olhava ansiosamente para dentro do laboratório até que, um dia, acabou por entrar (busca do estímulo). Como se pode ver, a situação foi arranjada, usando-se um reforço para que o indivíduo desse a resposta desejada, que era entrar no recinto da pesquisa.

Psicologia transpessoal

A Psicologia Transpessoal parece surgir a partir de vertentes como o trabalho de Jung, os trabalhos de Einstein, dos físicos modernos, a Filosofia Oriental e as correntes de auto-realização.

Está ligada especificamente ao estudo empírico-científico das metas: necessidades individuais e coletivas; dos estados de consciência pelos quais passamos: sono profundo, sonho, relax, vigília; estados que transcendem o ego, tais como: consciência unitiva, consciência cósmica, experiências transcendentais, místicas, entre outras.

Este é um movimento inteiramente novo, trabalhando ainda com hipóteses e apresentando poucas conclusões.

Nestas principais correntes apresentadas, resume-se o estágio atual da Psicologia. Não se pode prever em que direção esta *ciência-criança* haverá de caminhar. Espero, porém, como humanista, que ela escolha o caminho da compreensão da transcendência humana. Que ela realmente possa abrir para o Homem as portas da liberdade, pois, somente livre, ele será feliz e sua natureza amorosa e associativa poderá, finalmente, realizar-se.

O PAPEL DO PSICÓLOGO

Quem é o psicólogo? O que ele vai fazer? Em que vai poder ajudar o seu semelhante a conseguir uma vida mais feliz?

O psicólogo é aquele profissional que, depois de cinco anos em um curso superior, geralmente se especializa em uma área do comportamento, porque, como se pôde ver, a Psicologia tem um campo muito vasto.

Nesta área ele vai trabalhar procurando ajudar os indivíduos a se compreenderem e a se relacionarem melhor com as outras pessoas e a lidarem com as próprias emoções e sentimentos.

É verdade que alguns se dedicam exclusivamente à pesquisa. São os psicólogos experimentais. Estes apenas vão estudar, em laboratório quase sempre, todos estes assuntos que já levantamos a respeito do comportamento do ser humano, usando para tanto o próprio homem e, quando isto é impossível, por questões éticas, animais como ratos e chimpanzés.

O psicólogo clínico, muitas vezes confundido com o psiquiatra, vai se dedicar aos indivíduos com problemas de ajustamento ou emocionais, usando técnicas e abordagens puramente psicológicas. Ele não lança mão de terapêutica medicamentosa, pois, inclusive, não tem formação médica.

O psicólogo social estuda a influência do grupo social no comportamento dos indivíduos e se interessa por assuntos como mudança de atitudes, preconceitos, liderança, dinâmica de grupo, delinquência, opinião pública. Visa a usar métodos de mudança de comportamento e atitudes de grupos, assim como técnicas para diminuir as tensões intergrupais.

O psicólogo industrial trabalha nas empresas, principalmente no campo das relações humanas. Seleciona e treina pessoal, usa técnicas para aumento da produtividade, podendo, também, dedicar-se à pesquisa de mercado e trabalhar em publicidade, estudando o comportamento dos consumidores e a melhor maneira de incentivá-los à compra de determinados produtos.

O psicólogo educacional vai atuar na escola, junto ao educando, trabalhando com problemas de aprendizagem, motivação e ajustamento. Avalia diferentes métodos de ensino, programas e técnicas novas e elabora testes e medidas de rendimento escolar. Trabalha, também, com técnicas especiais junto a alunos com problemas de retardamento mental, dificuldades emocionais ou em áreas específicas como leitura ou escrita.

Em qualquer área, o importante é que o psicólogo vai buscar *compreender* (esta é a palavra-chave) ser humano em sua relação consigo próprio, com o grupo, com o patrão, com os colegas etc. Compreender para ajudá-lo a desenvolver suas infinitas potencialidades e ser mais alegre, criativo, inteligente, livre e confiante.

De qualquer modo, o psicólogo será um decodificador. Ele está colocado em uma situação de comunicação e seu trabalho consistirá em receber mensagens que deverá utilizar, até mesmo para decifrar, para explicá-las, finalmente, numa metalinguagem (interpretação da linguagem ou uma linguagem a respeito de outra linguagem) destinada a si próprio ou ao interlocutor.

O psicólogo na sociedade moderna

A competitividade da sociedade moderna, o medo constante do insucesso e de algum cataclisma estão levando a grande massa de indivíduos a distúrbios psicológicos de tal ordem, que o anormal está se tornando normal, no sentido de que o parâmetro passa a ser a imensa maioria perturbada.

O ser humano, assim como o animal, tem um limiar de tensão, isto é, ele só pode suportá-la até certo ponto, sem que seu sistema biopsíquico se desorganize. Entretanto, a vida moderna está colocando os indivíduos num estado permanente de tensão, cujas consequências são desastrosas, não só no sentido individual, mas também no sentido coletivo, pois as repercussões das ações das pessoas são de ordem social.

A sociedade, assim, vai sendo minada aos poucos por uma neurose coletiva, sendo difícil prever a que isto poderá levar-nos.

Está havendo uma deterioração da afetividade das pessoas e esse empobrecimento afetivo dificulta o contato do indivíduo consigo mesmo e com os semelhantes, levando-o à busca de emoções violentas, na tentativa de se sentir e sentir o outro, ou, então, ao total isolamento.

Além disso, as pessoas perderam a unidade: suas vidas são regidas por uma dicotomia moral, pois os princípios cristãos, que iluminaram o desenvolvimento de suas consciências e que tentam aplicar em suas vidas particulares e pregar em suas vidas públicas, não podem orientar suas vidas profissionais, pois ar correriam o risco de perderem os seus lugares e serem massacradas pela avidez e falta de escrúpulos de seus competidores. E uma pessoa que perde a sua unidade, a sua integridade, a sua coerência, perde o eixo de si própria e não tem mais condições de funcionar como um ser

O que é Psicologia

humano. Isto sem falar nas demais consequências de ordem psíquica e somática; o constante sentimento de culpa, do qual não se pode fugir, embora em nível inconsciente, se manifestará, automaticamente, enchendo os consultórios médicos de indivíduos que não têm doenças, mas são doentes.

Outra característica patológica que podemos encontrar nos indivíduos é a extrema alienação. Incapazes de fazer frente à dura realidade que os cerca, cada vez mais dela se divorciam, realizando-se imaginariamente através de seus sonhos e delírios, dos personagens das novelas e de seus ídolos.

Aliás, o fanatismo religioso e político que, cada vez mais, vem tomando conta das pessoas, é um sinal palpável de que estão mortas por dentro e de que necessitam, desesperadamente, de algo que as faça sentirem-se vivas. É o recurso dramático de que lança mão o esquizofrênico, quando se queima ou se fere, numa tentativa de se perceber vivo.

A competitividade desgasta profundamente as pessoas, porque ninguém pode viver como se a vida fosse uma maratona, que tem de ser vencida a qualquer preço. Só a cooperação pode construir e realizar. Entretanto, é triste ver que os próprios pais e a Escola, ao invés de incentivarem o espírito associativo e cooperativo das crianças e dos jovens, preparam-nos, desde cedo, para uma acirrada competição.

Também o ideal consumista incutido nas pessoas, desde a mais tenra infância, só leva ao desajuste profundo e ao *stress*, pois as exigências vão num crescendo, obrigando o indivíduo a trabalhar mais, a fazer mais dívidas, para comprar sempre mais...

É, em suma, neste mundo caótico, tumultuado, onde impera a neurose coletiva, que o psicólogo terá a sua importantíssima atuação. E para que ele atue bem, ajudando o homem a conseguir a tão perseguida paz, é necessário que ele seja não apenas um bom profissional, com largueza de visão e formação sólida mas também uma Pessoa plena, a serviço não do Sistema, mas do Homem.

QUESTIONANDO A PSICOLOGIA

Até onde a Psicologia está resolvendo as questões a que se propõe?

Avançando bastante em suas pesquisas, confirma a cada dia o seu *status* de ciência. Mas, e na prática, como se coloca?

Alguns pontos têm de ser abordados aqui. Em primeiro lugar, há ainda muita confusão e pouco consenso entre os seus adeptos. O que se percebe é um bocado de profissionais trabalhando a partir de premissas diferentes. Quase três quartos dos psicólogos de hoje se dedicam à ciência aplicada ou são tecnólogos, mas não há, absolutamente, consenso em suas abordagens e nas técnicas usadas.

Não há, portanto, acordo na metodologia, não existe uma terminologia comum e poucas são as generalizações devidamente comprovadas.

Neste sentido, a Psicologia ainda está longe da estruturação de outras ciências como a Física, a Química ou a Biologia. No entanto, ela já tem um século de existência...

Outra questão a ser levantada é: a quem ela serve? Quem é o anormal? Qual é o aluno desajustado? Se ela usa como parâmetros de normalidade e de ajustamento os valores da classe dominante, então ela é, também, um veículo ideológico. Além disso, quem pode pagar os seus serviços nada baratos? Apenas a classe dominante.

Ela absorve o *diferente* ou coloca-o como patológico? Interessam ao Sistema as pessoas diferentes, rebeldes, questionadoras? Se a sua função é *adequar* as pessoas e vender produtos, ela não é senão uma serva do Sistema.

Existirá, no entanto, ciência realmente independente?

O importante é lembrar que aquele que estuda e aquele que *faz* a Psicologia não podem, de modo algum, ser meros autômatos. É necessário questionar-se a todo momento, para que não se torne alienado, ele também, da realidade.

Infelizmente, à grande maioria dos que se dedicam à Psicologia, falta, quase sempre, visão histórica da realidade.

Até onde somos realmente *indivíduos,* se o coletivo nos envolve de tal forma que já não podemos discernir o que é individual do que é social? E, ao sair do enfoque individual para o social, até onde

O que é Psicologia

vai o perigo da massificação, de se propor padrões uniformes para todos? A situação é bastante delicada e tudo isto deve ser seriamente pensado por quem se dedica à Psicologia.

A quem ela deve realmente servir: ao Sistema ou ao Indivíduo? Contribuir para que o Homem seja uma peça bem integrada na engrenagem social ou para que seja, acima de tudo, feliz? Fica a questão para você pensar dentro de seu referencial teórico...

Acredito sinceramente que, diante de uma sociedade falida, diante da decomposição do sistema capitalista, é preciso reinventar tudo, inclusive a própria Psicologia.

Não podemos aceitar que o psicólogo seja apenas o profissional do bem-estar, tendo como ponto de referência uma sociedade bem comportada. Não há sociedade sem contradições e conflitos, assim como não há indivíduos sem conflitos e contradições. Isto não é patológico, é natural, isto é, de acordo com a natureza, pois a dialética é a mola propulsora da evolução.

Não podemos aceitar que um Sistema em que já não acreditamos continue a determinar nossos comportamentos e reivindicações.

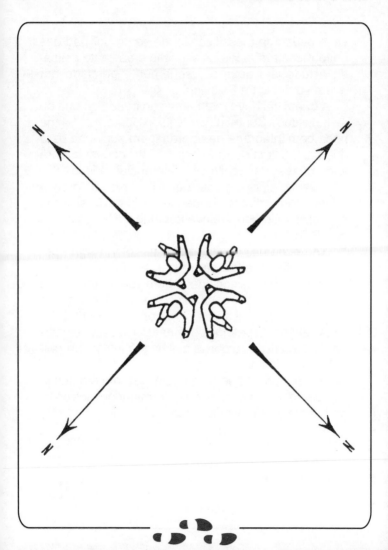

INDICAÇÕES PARA LEITURA

Álvaro Cabral, *et al., Uma Breve História da Psicologia,* Rio, Zahar Editores, 1972. Em tom quase coloquial, os autores apresentam aqui, de maneira agradável e resumida, mas muito precisa, todo o histórico da Psicologia.

Eunice M. L. Soriano de Alencar, *Psicologia – Introdução aos Princípios Básicos do Comportamento,* 3ª ed., Petrópolis, Vozes, 1978. Nesta obra, a professora Eunice explica, detalhada mente. o mecanismo do comportamento e expõe as modernas correntes psicológicas.

Jacques Cosnier, *Chaves da Psicologia,* 2ª ed., Rio, Zahar Editores, 1976. O autor discute melhor a questão da Psicologia como ciência, seus antecedentes históricos, suas ligações com outras ciências e a sua função.

Karen Horney, *Nosso Conflitos Interiores,* 4ª ed., Rio, Civilização Brasileira, 1969. Karen Horney, com grande maestria, mostra neste seu livro a maioria das motivações inconscientes subjacentes ao mecanismo de nossos comportamentos. O leitor poderá nesta obra não só compreender melhor a Psicologia como a si próprio.

Lauro de Oliveira Lima, *Os Mecanismos da Liberdade,* São Paulo, Polis, 1980. O autor trata, com profundidade, de questão à qual me referi: o fato de que o Homem é um ser especial por desenvolver-se em um meio social. Mostra como a Psicologia, em consequência, é na verdade microssociologia.

Maria Luiza Silveira Teles, *Introdução à Psicologia*, São Paulo, Brasiliense, 1989. Neste livro aprofundo um pouco mais alguns temas aqui abordados; apresento, de maneira clara, simples e sucinta, dezoito teorias psicológicas e as chamadas escolas, às quais apenas me referi na presente obra. *Uma Introdução à Psicologia da Educação,* 7ª ed., Petrópolis, Vozes, 1988. Já nesta outra obra dedico-me, especificamente, ao problema de como a evolução de nosso comportamento se liga à questão educacional. Vários conceitos apresentados na presente obra são nela aprofundados, principalmente questões ligadas à personalidade e ao desenvolvimento.

Richard H. Henneman, *O Que é Psicologia,* 4ª ed., Rio, José Olympio, 1974.

Sobre a autora

Maria Luiza Silveira Teles é mineira de Belo Horizonte. Licenciou-se em Pedagogia, com pós-graduação em Psicologia e Sociologia (PUC/MG) e formou-se em Inglês (Cambridge).

Professora universitária, titular de Psicologia da Educação e Sociologia da Educação, psicopedagoga, jornalista, exerceu diversos cargos como orientadora educacional, diretora do colégio, chefe de departamento em faculdades, entre outros.

Atualmente, dedica-se a escrever e proferir conferências. É autora de: *O que é Psicologia, O que é Neurose, O que é Depressão, O que é Stress, Aprender Psicologia* (pela Brasiliense), *Uma Introdução à Psicologia da Educação, Curso Básico de Sociologia da Educação, A Greve das Crianças, Educação — A revolução necessária, Conversas com Minha Filha, Iniciação à Sociologia* (pela Vozes) e *As Sete Pontes* (edição independente).